Schmückende Kugeln

mit dekorativen Quasten

MOTIVGRÖSSE
ca. ø 7,5–10,5 cm

MATERIAL

* Papier in Rot, 90–120 g/m², A2 (z. B. Tonpapier, Schmuckpapier oder Transparentpapier)
* Acrylschliffperlen in Rot, Orange oder Pink, ø 4–8 mm
* Muggelsteine in Transparent oder Blau, ø 8 mm
* Wachsperlen in Gold, Perlmutt und Grau, ø 6 mm und 8 mm
* Acrylhalbperlen in Rot, ø 4 mm, Grün, ø 5 mm, und Dunkelblau irisierend, ø 5 mm
* Schmucksteinkleber
* Perlgarn in Rot
* fester Karton, 9 cm x 10 cm

Einfache Anhänger

1 Das Papier mittig falten, sodass die Schmalseiten aufeinanderliegen, und je Stern vier Streifen von 2,5 cm Breite zuschneiden. Aus den Streifen gemäß Grundanleitung einen einfachen Fröbelstern falten und anschließend nach Belieben oder wie abgebildet mit Perlen und/oder Muggelsteinen schmücken.

2 Aus dem Perlgarn kleine Quasten herstellen. Wickeln Sie dafür das Perlgarn um den Kartonstreifen. Die gewickelten Fäden abstreifen, an einer Seite abbinden und auf der anderen die Schlaufen aufschneiden. Anschließend die losen Enden alle auf eine Länge schneiden.

3 Auf den Abbindefaden ein paar Perlen auffädeln, dann die Fadenenden mit einer langen Nadel durch den Stern ziehen, erneut Perlen auffädeln und eine Schlaufe zum Aufhängen knoten.

Vielzackige Anhänger

1 Das Papier mittig falten, sodass die Schmalseiten aufeinanderliegen, und je Stern zwölf 1,5 cm breite Streifen zuschneiden. Aus den Streifen gemäß Grundanleitung einen großen Fröbelstern falten und anschließend nach Belieben oder wie abgebildet mit Perlen und/oder Muggelsteinen schmücken.

2 Fertigen Sie nun wie in der Anleitung links in Schritt 2 beschrieben eine Quaste an. Fädeln Sie nach Belieben ein paar Perlen auf die Fadenenden auf und ziehen Sie den Abbindefaden dann durch den Stern und verknoten Sie ihn zu einer Schlaufe (siehe „Einfache Anhänger", Schritt 3).

Mein Tipp für Sie

Eine schöne Geschenkidee So ein Sternanhänger aus vier oder zwölf Papierstreifen ist auch ein schönes Mitbringsel zum Adventskaffee bei der Nachbarin oder der Freundin.

Leuchtender Abendhimmel

mit Mond und Sternen

MOTIVHÖHE
Stern 24 cm
Mond 19 cm

MATERIAL

STERN
* Tonkarton in Gelb, A3
* 12 Fröbelsternstreifen in Gold, 1 cm breit
* Perle in Gold, ø 6 mm
* 24 Dekosterne in Gelb, ø 1 cm
* Nähfaden in Gelb

MOND
* Tonkarton in Gelb, A3
* 12 Fröbelsternstreifen in Gold, 1,5 cm breit
* Perle in Gold, ø 6 mm
* Pearl-Maker in Gelb
* Nähfaden in Gelb

VORLAGE
Bogen 1A+1B

Stern

1 Den Stern zweimal aus Tonkarton ausschneiden (siehe Anleitung oben) und aus den zwölf Papierstreifen mithilfe der Grundanleitung einen großen Fröbelstern falten. Wie beim Mond beschrieben nun die Perle auffädeln und den Faden durch den Stern ziehen.

2 Den Stern am Faden zwischen die beiden Tonkartonsterne kleben. Solange der Klebstoff noch nicht trocken ist, kann der Stern im Stern noch ausgerichtet werden. Abschließend die kleinen Sternchen auf beiden Seiten des gelben Sterns aufkleben.

Mond

1 Den goldenen Stern mithilfe der Grundanleitung des großen Fröbelsterns falten. Den Mond mithilfe der Vorlage zweimal aus Tonkarton zuschneiden. Dazu das Motiv auf Transparentpapier durchpausen, auf dünne Pappe aufkleben und ausschneiden. Die Schablone dann zweimal auf den Tonkarton auflegen und mit Bleistift umfahren.

2 Einen Faden in die Nadel einfädeln und die Enden verknoten. Die Perle auffädeln und den Faden mit der Nadel durch den Stern stechen. Den Stern am Faden zwischen die Tonkartonmonde kleben. Bevor der Klebstoff getrocknet ist, den Stern am Faden so ausrichten, dass er schön in der Mondsichel hängt. Zuletzt den Mond auf beiden Seiten mit dem Pearl-Maker verzieren.

Fröbelsterne sind und bleiben faszinierend und begeistern Kinder und Erwachsene gleichermaßen. Auch ich bin immer wieder aufs Neue von ihnen angetan. Habe ich erst einmal angefangen zu falten, kann ich gar nicht wieder aufhören.

Der klassische Fröbelstern aus vier Streifen ist inzwischen weit bekannt. Seinem großen Bruder dagegen dürfte seither kaum jemand begegnet sein. Doch wer glaubt, der gigantische Stern mit 48 Zacken werde schlicht aus kleinen Fröbelsternen zusammengesetzt, der irrt gewaltig: Der große Fröbelstern wird an einem Stück aus zwölf Streifen gefertigt!

Lassen Sie sich von mir verführen zum Mitfalten und entdecken Sie ganz nebenbei die fantastische Welt der Fröbelsterne.

Gudrun Thiele

Gigantische Supernova

strahlt in Rot und Silber

MOTIVHÖHE
ca. 32 cm

MATERIAL
* Wellpappe in Silber, A2
* Fröbelsternstreifen in 28 x Rot und 24 x Silber, je 1,5 cm breit
* 26 Wachsperlen in Rot, ø 6 mm
* Nähfaden in Rot

VORLAGE
Bogen 2A

1 Schneiden Sie zuerst zweimal den großen Wellpappestern mithilfe der Vorlage aus. Dazu das Motiv auf Transparentpapier durchpausen, auf dünne Pappe aufkleben und ausschneiden. Die Schablone dann auf die Wellpappe auflegen und mit Bleistift umfahren.

2 Nun können Sie sich an das Falten der vielen Fröbelsterne machen. Aus den roten Streifen fertigen Sie sieben Sterne an, aus den silbernen insgesamt sechs.

3 In die Mitte der Sterne je eine rote Perle kleben. Danach die Sterne wie abgebildet zwischen die Wellpappesterne kleben. Zuletzt einen Stern in die Mitten hängen und oben einen Faden zum Aufhängen anknoten.

Mein Tipp für Sie

Farben und Größen variieren Ich habe für diesen Stern warmes Rot mit kühlem Silber kombiniert. Probieren Sie doch auch Rot und Gold oder Blau und Silber aus. Oder wie wäre es mit einer Kombination von größeren und kleineren Fröbelsternen? Verwenden Sie dazu einfach Fröbelsternstreifen in zwei verschiedenen Breiten.

Von schlichter Eleganz

dekorative Kugeln

MOTIVGRÖSSE
ca. ø 10 cm

MATERIAL
PRO KUGEL

* 12 Fröbelsternstreifen in Creme schimmernd
* 6 Wachsperlen in Gold, ø 8 mm

1 Falten Sie mithilfe der Grundanleitung für den großen Fröbelstern einen Stern mit 48 Zacken.

2 Schneiden Sie die überstehenden Enden sauber ab und kleben Sie danach auf allen sechs Seiten mit runden Sterntüten mittig eine Perle auf.

Sterne-Menü

mit dekorativem Tischband

MOTIVGRÖSSE
Sterne ca. ø 10 cm

MATERIAL

* Tonpapier in Rot, 120 g/m², A2
* Fröbelsternstreifen in Gold, 1,5 cm breit, 4 pro Stern
* Wachsperlen in Rot, ø 4 mm und 6 mm
* Lackdraht in Rot
* Taftband mit Draht in Gold, 6 cm breit
* Glitterglue in Rot
* Schaschlikstäbchen

1 Aus dem roten Tonpapier 2,5 cm breite Streifen zuschneiden und daraus Sterne ohne Tüten, also ohne den letzten Schritt, falten. Nehmen Sie dazu pro Stern vier Streifen und folgen Sie der Grundanleitung. Die Kanten mit Glitterglue verzieren.

2 Aus den goldenen Streifen ebenfalls Sterne anfertigen, dabei aber nur auf einer Seite die Tüten falten. Die goldenen Sterne auf die roten kleben und in jeder Sternmitte eine Perle fixieren.

3 Die Wachsperlen nach Belieben auf den Draht fädeln und diesen jeweils zum Locken vor und nach den Perlen um ein Schaschlikstäbchen wickeln. Unter den Sternen liegt der Draht glatt. Den Draht und das Taftband von unten an die Sterne kleben. Schön ist es auch, wenn das Schleifenband zwischen den Sternen mit dem Draht zusammengefasst wird.

Zauberhafter Kranz

aus elf großen Fröbelsternen

MOTIVGRÖSSE
ca. ø 18 cm

MATERIAL
* Fröbelsternstreifen in 60 x Gold, 60 x Rot und 12 x Rot metallic, je 1 cm breit
* Wachsperle in Rot, ø 6 mm
* Blumendraht mit Papierummantelung, ø 1,6 mm, 50 cm lang
* Nähfaden in Rot
* Zange

1 Aus jeweils zwölf Fröbelsternstreifen mithilfe der Grundanleitung einen großen Fröbelstern falten, sodass Sie fünf goldene und fünf rote Sterne sowie einen Stern in Rot metallic haben.

2 Nun ein Ende des Blumendrahtes zu einer Öse biegen. Danach den Draht um eine Schüssel oder einen runden Gegenstand legen und leicht vorbiegen. Darauf nun abwechselnd die roten und goldfarbenen Sterne stecken – immer diagonal zur Würfelform (siehe Hinweis auf dieser Seite).

3 Das Drahtende durch die Drahtöse führen und umbiegen, sodass der Kranz geschlossen wird. Den Faden in die Nadel fädeln, doppelt legen und unten verknoten. Die Perle auffädeln und anschließend den Faden mit einer langen Nadel durch den roten Metallic-Stern stechen. Den Stern mit dem Faden in den Kranz hängen und zuletzt einen Faden zum Aufhängen anknoten.

Mein Tipp für Sie

Sterne auffädeln Nutzen Sie zum diagonalen Auffädeln der Sterne die kleine Lücke an den drei flachen Spitzen der Ecken. Dann lassen sich die Sterne ohne Widerstand auf den Draht stecken.

Grandiose Sternenpracht

mit extragroßem Fröbelstern

MOTIVHÖHE
ca. 50 cm

MATERIAL
* Tonpapier in Silber und Blau mit blauen Streifen, A2
* Wachsperlen in Rot, 2 x ø 8 mm, 8 x ø 6 mm und 4 x ø 4 mm
* Perlgarn in Blau
* Klebefilm
* Lochzange

1 Für den großen Stern aus silberfarbenem Tonpapier acht 5 cm breite und 70 cm lange Streifen zuschneiden. Mit Klebefilm immer zwei an der kurzen Seite zusammenkleben, dann aus diesen vier Streifen einen Fröbelstern falten.

2 Aus dem blauen Papier sechzehn Streifen mit 2,5 cm Breite und 16 Streifen mit 1 cm Breite zuschneiden. Aus dem silbernen Papier außerdem acht Streifen mit 2 cm Breite zuschneiden.

3 Aus den 1 cm breiten blauen Streifen kleine Sterne falten, die nur auf einer Seite Tüten haben. Aus den 2 cm breiten silbernen Streifen Sterne falten, die gar keine Tüten haben. Aus den 2,5 cm breiten blauen Streifen ganze Sterne falten.

4 Verzieren Sie die fertigen Sterne nach Wunsch mit den Perlen: Die große Perle in die Mitte des ganz großen Sterns kleben, die mittleren Perlen in die Mitte der ganzen blauen Sterne und die kleinen Perlen in die halben blauen Sterne kleben. Anschließend die halben blauen Sterne auf die silbernen kleben. Danach können alle Sterne wie abgebildet unter den großen gehängt werden.

„Wie bin ich auf die Idee gekommen?"

Dieses Modell mit Riesenstern habe ich zweimal gebastelt, bis es mir richtig gut gefiel. Das erste Mal steckte der Riesenstern zum Schluss in einem Ring aus Alubastelkarton und darunter hingen mindestens zwölf kleine Sterne und dazwischen massenweise blaue Perlen ... Aber das Ergebnis war irgendwie nicht so ganz mein Ding. Das änderte sich, als ich das blaue Streifenpapier entdeckte. Dieses Papier wirkt an sich schon sehr schön, lässt sich gut falten und ergibt auch einen tollen Stern. So hat sich die Begleitung meines Riesensterns bald gewandelt, aber er ist immer noch in sehr guter Gesellschaft, wie ich finde. Ich hoffe, dass er Ihnen genauso gut gefällt wie mir.

Schwarz wie die Nacht

dunkle Sterne mit goldenem Glitter

MOTIVLÄNGE
ca. 23 cm

MATERIAL
* Papier in Schwarz mit Glitterornamenten in Gold, 90–120 g/m², 50 cm x 61 cm
* 3 Wachsperlen in Gold, ø 6 mm
* Nähgarn in Schwarz

1 Schneiden Sie aus dem Papier wie in der Anleitung auf Seite 2 („Einfache Anhänger") beschrieben vier Streifen mit 1,5 cm Breite, vier Streifen mit 2 cm Breite und zwölf Streifen mit 1 cm Breite zu. Falten Sie nun die Sterne: aus den 2 cm breiten und den 1,5 cm breiten Streifen jeweils klassische Fröbelsterne, aus den 1 cm breiten Streifen einen 48-zackigen Fröbelstern.

2 Die fertigen Sterne untereinander auf den Faden fädeln und jeweils eine Perle unter den Sternen als Stopper anbringen. Dazu die Perlen von unten nach oben auffädeln und anschließend den Faden nochmals von unten nach oben durch dieselbe Perle führen. Die Perle lässt sich nun auf dem Faden schieben ohne von selbst zu verrutschen.

„Eigentlich eine schnelle Idee"

Wäre nicht der aufwändige Fröbelstern mit seinen 48 Zacken, wäre diese dekorative Kette ein schnelle Angelegenheit und im Nu gemacht. Wer so viele Fröbelsterne gefaltet hat wie ich, der braucht für die Sternchen nicht mehr lange. Aber was wäre diese hübsche Idee ohne den vielzackigen großen Bruder des klassischen Fröbelsterns?

Edler Türschmuck

mit extralangen Quasten

MOTIVHÖHE
ca. 27 cm (mit Quaste)

MATERIAL
* Batikpapier in Braun oder Grau mit Ornamenten in Silber, A2
* Perlgarnstrang in Braun oder Schwarz
* je 2 Wachsperlen in Gold, ø 8 mm
* Acrylschliffperlen in 4 x Transparent oder 1 x Braun
* Acrylklarlack
* fester Karton, 17,5 cm x 10 cm

1 Für jeden Stern vier Streifen mit 2,5 cm Breite aus dem Batikpapier zuschneiden und mithilfe der Grundanleitung falten. Anschließend den Stern mehrmals mit Acrylklarlack lackieren, damit das Papier fester und widerstandsfähiger wird.

2 Nach dem Trocknen beidseitig die Perlen mit Klebstoff befestigen. Für die Quaste das Perlgarn um die lange Seite des zugeschnittenen Kartonstücks wickeln, bis etwa nur noch 40 cm übrig sind. Mit diesem Stück die Quaste abbinden, auf der anderen Seite die Fäden aufschneiden.

3 Die Acrylschliffperle(n) auf den Abbindefaden fädeln und den Faden mithilfe einer langen Nadel durch den Stern führen. Das Fadenende mit einem Knoten sichern, damit es nicht durch den Stern zurückrutschen kann, und zu einem Aufhänger knoten. Beim grauen Stern davor die zwei übrigen Perlen auffädeln.

„Gar nicht so einfach, wie gedacht“

Das Lackieren dieser Sterne hat länger gedauert, als ich geplant hatte. Das Batikpapier saugt den Lack dermaßen auf, dass ich gleich mehrere Schichten auftragen musste. Aber die Mühe hat sich gelohnt: Nun glänzt das Papier wunderbar und die Anhänger sind für den Dauereinsatz an der Türklinke gerüstet.

Stern im Stern

ein angemessener Rahmen

MOTIVGRÖSSE
ca. ø 16 cm und 20 cm

MATERIAL KLEINER STERN

* Wellpappe in Gold, A4
* 12 Fröbelsternstreifen in Rot, 1 cm breit
* Muggelsteine in 6 x Blau und 6 x Weiß
* Wachsperle in Rot, ø 6 mm
* Schmucksteinkleber
* Nähfaden in Weiß

GROSSER STERN

* Wellpappe in Gold, A3
* 12 Fröbelsternstreifen in Rot, 1,5 cm breit
* Muggelsteine in 10 x Blau und 10 x Weiß, ø 8 mm
* 6 Wachsperlen in Gold, ø 6 mm
* Schmucksteinkleber
* Nähfaden in Rot

VORLAGE
Bogen 2B

Kleiner Stern

1 Den Stern mithilfe der Vorlage zweimal aus Wellpappe zuschneiden. Dazu das Motiv auf Transparentpapier durchpausen, auf dünne Pappe aufkleben und ausschneiden. Die Schablone dann auf die Wellpappe auflegen und mit Bleistift umfahren.

2 Aus den zwölf Papierstreifen einen großen Fröbelstern falten. Die Perle auf den Faden fädeln, dann den Faden doppelt in eine lange Nadel fädeln und durch den Stern nähen. Die Perle sorgt so dafür, dass der Faden nicht durch den Stern rutscht.

3 Den Fröbelstern mit dem Faden zwischen die beiden Wellpappesterne kleben. Die Muggelsteine mit Schmucksteinkleber aufkleben.

Großer Stern

1 Wie beim kleinen Stern beschrieben zwei Wellpappesterne zuschneiden und aus den Papierstreifen einen großen Fröbelstern falten. Folgen Sie dabei den Schritten der Grundanleitung.

2 In die Mitte von vier nebeneinanderliegenden Sternseiten jeweils eine Perle kleben. Die obere und die untere Seite auslassen. Die fünfte Perle wie in Schritt 2 des kleinen Sterns beschrieben auf einen Faden fädeln und diesen durch den Fröbelstern führen. Die sechste Perle auffädeln, dann den Stern wie oben beschrieben in den Wellpappestern hängen.

Mein Tipp für Sie

Eine Aufhängung anfertigen Ist der Faden lang genug, kann er gleich zum Aufhängen genutzt werden. Kleben Sie den Faden dazu so zwischen die Wellpappesterne, dass er oben lang genug übersteht. Einfach die Enden miteinander verknoten – fertig!

Kugelrunder Sternenzauber

raffiniert ineinandergesteckte Sterne

MOTIVGRÖSSE
ca. ø 15 cm

MATERIAL
FÜR ROTE KUGEL

* Transparentpapier in Rot mit Sternenmuster, 2 x 50 cm x 61 cm
* Wachsperle in Rot, ø 1,2 cm
* Perlgarn in Rot
* Wäscheklammern

Rote Kugel

1 Schneiden Sie das Papier in insgesamt vierzig 2 cm breite Streifen und falten Sie daraus zehn einfache Fröbelsterne gemäß Grundanleitung.

2 Kleben Sie nun zuerst einmal sechs der Sterne und dann zweimal zwei in einer Reihe zusammen. Fixieren Sie die Sterne mit Wäscheklammern, bis der Klebstoff getrocknet ist. Dann können Sie die Sechserreihe zu einem Ring schließen.

3 Eine Perle auf das Perlgarn fädeln, den Faden doppelt nehmen und durch einen der Sterne stechen. Das gibt den Aufhänger für die Kugel. Danach die Zweierpaare rechts und links in den Ring kleben. Bis alles trocken ist, die Sterne mit Wäscheklammern fixieren.

Varianten

Für die gelb-rote Kugel benötigen Sie 20 rote und 20 gelbe Fröbelsternstreifen (1,5 cm breit). Falten Sie daraus wie auf Seite 30 (Stern Nr. 1) beschrieben zweifarbige Sterne und stecken Sie diese wie beschrieben zu einer Kugel zusammen. Der große Fröbelstern vorn links aus gemustertem Transparentpapier wurde aus zwölf 1,5 cm breiten Streifen gefertigt.

Mein Tipp für Sie

Falten mit Transparentpapier Transparentpapierstreifen haben relativ scharfe Kanten und eine glatte Oberfläche. Man muss beim Falten daher entsprechend vorsichtig sein. Fixieren Sie die ersten Streifen evtl. mit Klebefilm, damit sie nicht wieder verrutschen. Auch beim Durchziehen der Streifen müssen Sie Acht geben, damit die Kanten nicht die anderen Streifen zerschneiden. Die Streifen beim leisesten Widerstand also nicht mit Gewalt durchziehen, sondern sofort nach der Ursache dafür schauen. Die Streifenenden können Sie evtl. mit etwas Klebstoff in den Spitzen fixieren, damit sie nicht wieder herausrutschen.

Schöner schenken

Karten und dekorative Klammern

MOTIVGRÖSSE
Karten 14,7 cm hoch
Klammern ca. 8 cm lang

MATERIAL

PRO KLAMMER

* 4 Fröbelsternstreifen in Weiß oder Braun mit Goldmuster, 1,5 cm breit
* Wachsperle in Gold, ø 6 mm
* Holzwäscheklammer
* evtl. Pearl-Maker in Gold

PRO KARTE

* Tonkarton in Naturweiß, 21 cm x 14,7 cm
* Tonpapier in Braun mit Goldmuster und ggf. in Weiß oder Goldfarben gemustert, 90–120 g/m², 50 cm x 61 cm
* evtl. Glitter in Braun und Glitterglue
* evtl. Pearl-Maker in Gold

Klammern

Aus den Streifen (entweder fertig geschnitten oder selbst geschnitten) einen einfachen Fröbelstern falten, der nur auf einer Seite Sterntüten hat. Den Stern mit der Perle und nach Wunsch mit Pearl-Maker verzieren und auf die Klammer kleben.

Karten

1 Den Fotokarton mittig falten, sodass eine Doppelkarte entsteht.

2 Für die linke Karte wird ein Stern ganz ohne Sterntüten gefaltet. Dafür vier Streifen mit 1,5 cm Breite zuschneiden. Vier Streifen stehen lassen, die anderen vier so auffalten, dass das Papiermuster zu sehen ist. Die Enden bündig zum inneren Quadrat abschneiden und mit Klebstoff darauf fixieren. Den Stern mit den langen Streifen wie abgebildet auf die Karte kleben und mit Glitter und Glitterglue verzieren.

3 Für die rechte Karte vier weiße 1,5 cm breite Streifen zuschneiden und einen Stern ohne Tüten falten. Die Karte mit drei 1,5 cm breiten Papierstreifen bekleben und den Stern wie abgebildet darauf platzieren. Ein 3 cm x 3 cm großes gemustertes Quadrat mittig aufkleben und zuletzt mit Pearl-Maker Punkte aufmalen.

4 Für die vordere Karte benötigen Sie je einen tütenlosen Stern aus 1,5 cm und 2 cm breiten Streifen. Vom goldenen Stern alle Streifenenden abschneiden. Beim gemusterten Stern auf einer Seite die Enden ganz abschneiden. Auf der anderen Seite die Streifen so auffalten, dass das Muster zu sehen ist. Die Streifen bündig zum inneren Quadrat abschneiden und mit Klebstoff darauf fixieren. Zwei 1,2 cm breite und einen 2 cm breiten Streifen auf der Karte anbringen und die Sterne wie abgebildet darauf platzieren.

Mein Tipp für Sie

Streifenreste verwerten Die Papierstreifen, die als Hintergrund für die Sterne auf die Karten geklebt werden, sind die abgeschnittenen Streifen der gefalteten Fröbelsterne. Sie müssen also keine zusätzlichen Streifen dafür zuschneiden.

MOTIVGRÖSSE
ca. ø 6–8,5 cm

MATERIAL
* Transparentpapier in Grün mit Bordürenmuster, 50 cm x 61 cm
* Wachsperlen in Gold, 12 x ø 6 mm, 4 x ø 8 mm
* Lackdraht in Gold

Wundervolle Einzelstücke

jeder Stern ein Unikat

1 Für diese Dekoration benötigen Sie einen großen und fünf einfache Fröbelsterne. Schneiden Sie daher zuerst zwölf Streifen mit 1,5 cm Breite zu und falten Sie daraus mithilfe der Grundanleitung einen großen Fröbelstern mit 48 Zacken.

2 Für die einfachen Fröbelsterne acht Streifen mit 2 cm Breite und zwölf Streifen mit 1,5 cm Breite zuschneiden und daraus mithilfe der Grundanleitung fünf Sterne mit 16 Zacken falten.

3 Die Sterne wie abgebildet mit den Perlen bekleben und zum Schluss mit Lackdraht umwickeln. Die Drahtenden können Sie in den Sternen verstecken. Fertig!

Frühlingshafte Fröbelsterne

dekorativ aufgereiht

MOTIVLÄNGE
ca. 55 cm

MATERIAL
* Transparentpapier mit Blumenmuster, 50 cm x 61 cm
* 12 Frischwasserperlen in Rosa matt, ø 8 mm
* Perlgarn in Rosa, ca. 1 m lang

1 Für dieses Schmuckstück benötigen Sie fünf einfache Fröbelsterne. Schneiden Sie dazu vier 2,5 cm breite Streifen und 16 Streifen mit 2 cm Breite zu und falten Sie die Streifen gemäß Grundanleitung. Die Streifenenden vor dem Abschneiden evtl. mit etwas Klebstoff in den Spitzen fixieren, damit sie besser halten.

2 Das Perlgarn an einem Ende verknoten, dann die Perlen und die Sterne auffädeln. Damit die Sterne nicht auf der Kordel verrutschen, können Sie jeweils davor und danach Stopper-Perlen einfügen: Dazu die Perlen von unten nach oben auffädeln und anschließend den Faden nochmals von unten nach oben durch dieselbe Perle führen. Die Perle lässt sich nun auf dem Faden schieben ohne von selbst zu verrutschen.

Kugel in der Kugel

eine runde Sache

MOTIVGRÖSSE
ca. ø 15,5 cm

MATERIAL
* Batikpapier in Rot mit Silberornamenten und Orange mit Silberornamenten, A2
* Wäscheklammern
* Perlgarn in Gelb

1 Das orange Batikpapier in zwanzig 2,5 cm breite Streifen schneiden und daraus fünf Sterne falten, die nur auf einer Seite Sterntüten haben. Auf der Seite ohne Sterntüten die losen Streifen bis zur Spitze festkleben und dann bündig abschneiden.

2 Vier der Sterne zunächst in eine Reihe kleben und mit Wäscheklammern fixieren, bis der Klebstoff getrocknet ist. Danach den Sternstreifen zu einem Kreis schließen. Erneut trocknen lassen, dann den übrigen Stern in den Kreis kleben, sodass eine Halbkugel entsteht.

3 Aus rotem Batikpapier zwölf 1,2 cm breite Streifen schneiden und mithilfe der Grundanleitung daraus einen großen Fröbelstern mit 48 Zacken falten.

4 In das Ende des Perlgarns einen Knoten machen und den großen Fröbelstern auffädeln. Anschließend den Faden von innen durch den oberen Stern der Sternenkugel stechen und den großen Fröbelstern einhängen. Damit der Stern nicht verrutschen kann, den Faden nochmals zurück nach innen und dann wieder nach oben stechen.

„Wie bin ich auf diese Idee gekommen?“

Dieses Modell hat eine lange Entstehungsgeschichte. Zuerst habe ich nämlich eine rote Kugel angefertigt, in der ein goldfarbener Stern hing. Das sah aber nicht wirklich spannend aus – und so habe ich mit Glitterliner goldene Tupfen auf die Kugel gemalt. Das sah zwar schon viel besser aus, aber richtig zufrieden war ich immer noch nicht. Als ich dann dieses Papier entdeckte, war ich überglücklich. Ich wusste sofort, dass ich die Lösung in meinen Händen hielt. Also habe ich den Stern und die Kugel noch einmal neu gefaltet – und das Ergebnis ist wirklich nicht mit meinem ersten Versuch zu vergleichen!

Black and White

Gegensätze ziehen sich an

MOTIVHÖHE
ca. 28 cm

MATERIAL
* Tonpapier in Schwarz und Weiß, A2
* Perlgarn in Schwarz und Weiß
* Lochzange

1 Für dieses Sternenmobile benötigen Sie einen zweifarbigen Fröbelstern mit 16 Zacken sowie vier einfarbige Fröbelsterne mit 48 Zacken. Schneiden Sie dazu aus weißem und aus schwarzem Tonpapier je zwei 3 cm breite Streifen und je vierundzwanzig 1 cm breite Streifen zu.

2 Aus den breiten Streifen den großen Stern mit 16 Zacken falten (siehe Grundanleitung). Aus den schmalen Streifen vier Fröbelsterne mit 48 Zacken falten.

3 Die fertigen Sterne wie auf der Abbildung miteinander verbinden und das Mobile aufhängen.

„Wie bin ich auf diese Idee gekommen?“

Fertig geschnittene Fröbelsternstreifen gibt es inzwischen in allerhand Farben und Dekoren. Aber Schwarz und Weiß habe ich seither noch nirgendwo gefunden. Ich wollte aber schon immer einmal mit diesen Farben arbeiten. Daher habe ich mir die Faltstreifen nun kurzerhand einfach selbst zugeschnitten. Der Aufwand lohnt sich, wie ich meine!

Fröbelstern-Variationen

zwei Farben, sechs verschiedene Muster

MOTIVGRÖSSE
ca. ø 6 cm

MATERIAL PRO STERN

* Fröbelsternstreifen in 2 x Rot und 2 x Gelb bzw. 4 x Rot und 4 x Gelb, 1,5 cm breit

Diese Sterne zeigen, wie Sie durch das Anordnen der Streifen beim Ineinanderhängen bestimmen können, wie das Muster später aussehen wird. Die verschiedenen Sterne werden alle gemäß Grundanleitung gefaltet, daher wird hier nur jeweils der erste Schritt beschrieben.

1 Für Stern Nr. 1 (ganz rechts) halbieren Sie die Streifen in der Mitte (am Knick) und kleben jeweils einen roten und einen gelben zusammen. Knicken Sie die Streifen am Anstoß der beiden Hälften und hängen Sie sie wie in der Grundanleitung beschrieben ineinander. Das Quadrat, das dadurch entsteht, ist auf einer Seite gelb und auf der anderen rot. Den Stern anschließend nach Grundanleitung ganz normal falten.

2 Für Stern Nr. 2 (ganz vorn) die Streifen wie bei Stern Nr. 1 beschrieben zusammenkleben. Anschließend die Streifen so übereinander hängen, dass sich in der Diagonalen je zwei gelbe und zwei rote Quadrate gegenüberliegen.

3 Für Stern Nr. 3 (ganz oben) die Streifen ebenfalls wie bei Stern Nr. 1 beschrieben halbieren und zusammenkleben. Dann die Streifen so anordnen, dass oben die zwei roten nebeneinander zu sehen sind und unten die zwei gelben.

4 Für Stern Nr. 4 (ganz links) die einfarbigen Streifen nach dem gleichen Muster wie bei Stern Nr. 2 ineinanderhängen, allerdings werden Sie beim weiteren Falten sehen, dass sich nun ein ganz anderes Muster ergibt.

5 Für Stern Nr. 5 (oben links) die Streifen wie bei Stern Nr. 3 ineinanderhängen. Auch hier ergibt sich ein völlig neuer Effekt, da die Streifen nicht zusammengeklebt wurden.

6 Für Stern Nr. 6 (in der Mitte) benötigen sie vier Streifen von jeder Farbe, da mit doppelten Streifen gefaltet wird. Legen Sie dazu zuerst zweimal einen roten Streifen über einen gelben und dann zweimal einen gelben über einen roten. Danach die Streifen wie bei Stern Nr. 2 ineinander hängen.

Mein Tipp für Sie

Eigene Muster kreieren Die Streifen der kleinen Sterne wurden vor dem Falten mit Filzstift bemalt. Dadurch entstehen sehr hübsche Effekte. Probieren Sie es doch einfach einmal aus.

3
5
1
4
6
2

Gudrun Thiele wurde in Hamburg geboren und ist von Kindesbeinen an immer kreativ gewesen. Heute lebt sie in Wacken, einem kleinen Dorf in Schleswig-Holstein, und ist Mutter von drei Söhnen (23, 20 und 15 Jahre alt). Wenn sie freie Zeit für sich findet, dann fertigt sie gerne Teddybären oder Jahreszeitenpuppen an. Aber auch die Acrylmalerei hat es ihr angetan. Am liebsten kreiert sie Schwarz-Weiß-Grafiken. Seit einigen Jahren gibt sie außerdem Kreativkurse an der offenen Ganztagsschule.

DANKE!

An meine Familie, die mich mit Lob und Kritik hilfreich unterstützt.

Und an die Firmen Ludwig Bähr (Kassel), Heyda (Hagen) und nice papers (Berlin) für die großzügige Unterstützung mit Papieren.

TOPP – Unsere Servicegarantie

WIR SIND FÜR SIE DA! Bei Fragen zu unserem umfangreichen Programm oder Anregungen freuen wir uns über Ihren Anruf oder Ihre Post. Loben Sie uns, aber scheuen Sie sich auch nicht, Ihre Kritik mitzuteilen – sie hilft uns, ständig besser zu werden.

Bei Fragen zu einzelnen Materialien oder Techniken wenden Sie sich bitte an unseren Kreativservice, Frau Erika Noll.
mail@kreativ-service.info
Telefon 0 50 52 / 91 18 58

Das Produktmanagement erreichen Sie unter:
pm@frechverlag.de
oder:
frechverlag
Produktmanagement
Turbinenstraße 7
70499 Stuttgart
Telefon 07 11 / 8 30 86 68

LERNEN SIE UNS BESSER KENNEN! Fragen Sie Ihren Hobbyfach- oder Buchhändler nach unserem kostenlosen Kreativmagazin **Meine kreative Welt.** Darin entdecken Sie vierteljährlich die neuesten Kreativtrends und interessantesten Buchneuheiten.

Oder besuchen Sie uns im Internet! Unter **www.frechverlag.de** können Sie sich über unser umfangreiches Buchprogramm informieren, unsere Autoren kennenlernen sowie aktuelle Highlights und neue Kreativtechniken entdecken, kurz – die ganze Welt der Kreativität.

Kreativ immer up to date sind Sie mit unserem monatlichen **Newsletter** mit den aktuellsten News aus dem frechverlag, Gratis-Bastelanleitungen und attraktiven Gewinnspielen.

IMPRESSUM

FOTOS: frechverlag GmbH, 70499 Stuttgart; Gudrun Thiele (Porträt Seite 32), lichtpunkt, Michael Ruder, Stuttgart (restliche Fotos)

PRODUKTMANAGEMENT UND LEKTORAT: Susanne Pypke

LAYOUT: Marta Abramczyk

DRUCK: frechdruck GmbH, 70499 Stuttgart

FILMPRODUKTION: teamWerk. Die FilmProduktion GmbH, Stuttgart

Auflage:	5.	4.	3.			
Jahr:	2013	2012	2011	2010	2009	[Letzte Zahlen maßgebend]

ISBN 978-3-7724-3783-0 • Best.-Nr. 3783